NOTICE

BIOGRAPHIQUE

sur

L'ABBÉ DE L'ÉPÉE.

NOTICE

BIOGRAPHIQUE

SUR

L'ABBÉ DE L'ÉPÉE,

PAR M. E. MOREL,

PROFESSEUR A L'INSTITUTION ROYALE DES SOURDS-MUETS DE PARIS.

PARIS.

IMPRIMÉ CHEZ PAUL RENOUARD,

RUE GARENCIÈRE, N° 5.

1833.

NOTICE

BIOGRAPHIQUE

SUR

L'ABBÉ DE L'ÉPÉE.

C'est une belle et heureuse pensée que célle d'offrir à la génération actuelle, les Portraits et l'Histoire des *Hommes utiles*, que la providence semble avoir placés de distance en distance, comme autant de phares, pour guider la société dans la route de la civilisation. Dans ce musée des *Bienfaiteurs de l'humanité*, l'abbé de l'Epée mérite de trouver sa place à double titre : il était animé du *Génie de la Bienfaisance*, l'homme modeste et vertueux qui a consacré ses talens, sa fortune, sa vie entière, à une œuvre de charité ; et pourrait-on méconnaître *la Bienfaisance du Génie* dans l'invention de l'art admirable qui parvient à réparer une erreur de la nature en rétablissant le Sourd-Muet dans toutes les prérogatives de l'humanité ?

On admire le courage et le zèle des missionnaires qui s'expatrient dans des régions lointaines, et affrontent la mort pour convertir quelques sauvages au christianisme. Dans notre propre pays, il existe des milliers de nos semblables, déshérités des bienfaits de la religion, et d'autant plus malheureux qu'ils vivent au milieu d'une société civilisée, sans jouir d'aucun de ses avantages.. ! N'est-ce pas aussi une mission généreuse, que celle de pénétrer dans l'âme du Sourd-Muet, de lui révéler sa haute destinée et de renverser la barrière que la privation d'un sens avait élevée entre lui et le reste des hommes? L'abbé de l'Epée a compris toute la grandeur de cette mission, il a su la remplir avec un dévoûment qui commande la vénération de la postérité.

En traçant la vie de l'abbé de l'Epée nous avons moins consulté nos forces que notre admiration pour ce génie bienfaisant. Il était peut-être juste aussi que cet hommage fût rendu à sa mémoire par l'un des instituteurs qui ont recueilli l'héritage de ses travaux, et qui puisent, chaque jour, dans le souvenir de ses bienfaits, une nouvelle émulation pour continuer dignement une œuvre à laquelle il avait voué son existence entière. Dans notre bouche, l'histoire du père des Sourds-Muets est tout à-la-fois un hommage rendu à la vertu et un tribut de reconnaissance pour notre premier maître.

CHARLES MICHEL DE L'EPÉE naquit à Versailles, le 25 novembre 1712. Son père, qui était architecte du roi, jouissait d'une honnête aisance; homme simple dans ses mœurs et d'une probité sévère, il éleva ses enfans dans la modération des desirs et dans l'amour de la vertu. Le jeune de l'Epée puisa de bonne heure, dans les exemples domestiques, cette douceur de caractère, cette simplicité de goûts, cette humilité, et ce besoin de se rendre utile, qui le dirigèrent pendant tout le cours de sa vie. Son père le destinait à la carrière des sciences où le jeune de l'Epée fit des progrès rapides; mais, à l'âge de dix-sept ans, il se sentit appelé au ministère des autels; et après avoir obtenu, avec quelque peine, le consentement de ses parens, il se livra à l'étude de la théologie avec une ferveur édifiante, mais en même temps avec une grande indépendance de principes. Lorsqu'il se présenta pour recevoir la première initiation au sacerdoce, on lui proposa, selon l'usage, de signer un formulaire que réprouvaient ses convictions religieuses : sa main refusa de trahir sa conscience. On consentit cependant à l'admettre dans l'état ecclésiastique, mais en lui fermant l'accès aux ordres sacrés. Pensant que ses humbles services aux pieds des autels ne suffisaient pas pour acquitter sa dette envers la société, il s'appliqua à l'étude des lois, subit toutes les épreuves exigées, et fut reçu avocat au parlement de Paris. Mais il ne resta pas long-temps au barreau ; sa vocation était trop prononcée et son amour de l'humanité le ramenait sans cesse à l'enseignement des vérités religieuses et morales. Les vœux les plus ardens de son cœur ne tardèrent pas à être exaucés : l'évêque de Troyes, neveu du grand Bossuet, prélat aussi distingué par sa vertu que par sa tolérance, accueillit le jeune de l'Epée, et après lui avoir conféré les ordres sacrés, il lui confia un modeste canonicat dans son diocèse. Dans l'exercice du saint ministère, l'abbé de l'Epée sut allier aux plus austères principes les vertus les plus douces, et sa vie pastorale fut digne de celle de Fénelon. C'est vers cette époque, qu'à l'âge de vingt-six ans, l'abbé de l'Epée donna un si bel exemple de délicatesse et d'humilité, en refusant un évêché que le cardinal de Fleury lui fit offrir, en reconnaissance d'un service personnel que le père du jeune abbé avait rendu au prélat.

Après la mort de M. de Bossuet, l'abbé de l'Epée revint à Paris où il fut soumis à de nouvelles épreuves. Son attachement à la doctrine des grands hommes de Port-Royal, qui l'avait mis en relation intime avec le vénérable Soanen, lui attira les censures et l'inimitié de l'archevêque de Paris, M. de Beaumont, dont l'intolérance religieuse contrastait péniblement avec ses vertus et sa charité envers les pauvres. L'abbé de l'Epée fut frappé d'interdiction, et lorsque, plus tard, il s'adressa à l'archevêque pour obtenir l'autorisation de confesser ses élèves qu'il avait rendus à la religion, il ne reçut jamais de réponse et fut réduit, dans l'intérêt de ses élèves, à se contenter de l'approbation du silence.

Dans une autre circonstance, l'abbé de l'Epée donna l'exemple d'une résignation que peut seul inspirer le sentiment religieux dans toute sa pureté : au commencement du carême, il se présentait dans sa paroisse, avec les autres fidèles, pour recevoir sur le front le signe de notre fragilité humaine; le prêtre fanatique, qui, dans la suite, donna des preuves d'aliénation mentale, le repoussa publiquement. Le pieux abbé de l'Epée se leva, en prononçant ces paroles pleines de dignité : « Monsieur, j'étais venu, comme pécheur, m'humilier à vos pieds : votre refus ajoute à ma mortification; j'ai rempli le devoir de ma conscience; je ne veux pas tourmenter la vôtre. »

Tandis que l'intolérance suscitait mille contrariétés à l'abbé de l'Epée, cet homme vertueux respectait toutes les croyances. Un protestant, M. Ulrich, vint de la Suisse pour apprendre à son école l'art d'instruire les Sourds-Muets. Il fut accueilli avec bienveillance, et bientôt leurs cœurs, dignes l'un de l'autre, se lièrent d'une étroite amitié. De l'Epée regardait tous les hommes comme ses frères, et, sur ses vieux jours, il formait des vœux en faveur de la réintégration des israélites dans la commune société. Cette tolérance, cette universelle fraternité, cet amour du bien, répandaient sur toute sa physionomie une expression de douceur, de bonhomie, que l'on aime à retrouver dans son portrait.

Jusqu'ici nous avons vu, dans l'abbé de l'Epée, l'homme vertueux et modeste, le prêtre pieux et tolérant; maintenant va se révéler l'homme de génie, le régénérateur des Sourds-muets.

Chez l'abbé de l'Epée, l'amour de l'humanité était une passion. Le hasard lui procura l'occasion de s'y livrer tout entier; voici comment il raconte lui-même la cause qui le

conduisit à se consacrer à l'éducation des Sourds-Muets :
« Le père Vanin, prêtre de la doctrine chrétienne, avait
commencé l'éducation de deux sœurs jumelles, Sourdes-
Muettes de naissance. Ce respectable ministre étant mort,
ces deux pauvres filles se trouvèrent sans aucun secours,
personne n'ayant voulu, pendant un temps assez long,
entreprendre de continuer ou de recommencer cet ouvrage. Croyant donc que ces deux enfans vivraient et
mourraient dans l'ignorance de leur religion, si je n'es-
sayais pas de la leur apprendre, je fus touché de compas-
sion pour elles, et je dis qu'on pouvait me les amener,
que j'y ferais tout mon possible. » Quelle touchante simplicité, unie à la charité la plus pure !

Déjà, avant l'abbé de l'Epée, quelques essais avaient été
tentés pour l'instruction des Sourds-Muets. Pierre Ponce et
Jean Bonnet en Espagne ; Wallis et Burnet en Angleterre ;
Emmanuel Ramirez de Cortone ; Pierre de Castro, de Man-
toue ; Conrad Amman en Hollande ; Van-Helmont en Alle-
magne ; Pereire et Ernaud en France, avaient instruit
quelques Sourds-Muets isolés, mais tous ces instituteurs
ont été dominés par ce préjugé : que, pour développer l'intelligence du Sourd-Muet, il faut lui apprendre à parler ;
et leurs travaux, se bornant au bienfait d'une éducation
individuelle, n'ont produit aucun résultat général pour
l'humanité. Lorsque l'abbé de l'Epée conçut sa généreuse
pensée, il ignorait les faibles tentatives de ses prédécesseurs, et eussent-elles été à sa connaissance, il n'en reste-
rait pas moins l'inventeur de l'art d'instruire les Sourds-
Muets ; car le premier, il a su l'asseoir sur sa véritable base ;
le premier, il a su imprimer à son œuvre le caractère d'un
bienfait général pour une classe nombreuse de la société.

Les idées n'ont aucune liaison naturelle, soit avec la
parole, soit avec les mots écrits ; l'association seule donne
à chacun de ces instrumens le pouvoir de réveiller les
idées. Ce principe, que l'abbé de l'Épée devait à son professeur de philosophie, fut pour lui un trait de lumière :

il en conclut que ce lien artificiel, qui unit les idées et les mots écrits, peut s'établir sans le secours de la parole, et qu'il est possible ainsi de suppléer l'ouïe par la vue. Tel fut le germe d'une des plus belles inventions que nous ait léguées le dix-huitième siècle!

Les Sourds-Muets sont doués des mêmes facultés intellectuelles que les enfans jouissant de la plénitude de leurs sens; pour se développer, elles ont besoin d'occasions; la privation de l'ouïe, en rendant ces occasions plus rares pour le Sourd-Muet, peut ralentir ce développement; mais elle ne saurait l'empêcher tout-à-fait. Les actions, les scènes variées de la nature sont aussi un langage, et pour le comprendre, le Sourd-Muet peut se passer de nos langues conventionnelles. Cette première culture de l'intelligence par les faits est plus étendue qu'on ne le supposerait de prime abord. Bientôt le Sourd-Muet éprouve le besoin d'entrer en communication avec les personnes qui l'entourent, et les choses, qui ont été son premier instituteur, deviennent aussi les premiers signes de sa pensée. Sans doute ce langage du Sourd-Muet isolé est aussi borné que le cercle de ses idées, mais il se développe rapidement lorsque plusieurs de ces malheureux sont réunis en société. Là chacun apporte son contingent à la masse commune; de nouveaux rapports, de nouveaux besoins font naître d'autres idées, d'autres sentimens, et les signes suivent toujours les progrès de l'intelligence.

L'abbé de l'Epée comprit toutes les ressources que le langage mimique pouvait offrir dans l'éducation du Sourd-Muet : « Il s'agit, dit-il, de lui apprendre la langue française. Quelle sera la méthode la plus courte et la plus facile? Ne sera-ce pas celle qui s'exprimera dans la langue à laquelle il est accoutumé, et dans laquelle on peut dire que la nécessité l'a rendu expert? En adoptant sa langue et en l'astreignant aux règles d'une méthode sensible, ne pourra-t-on pas facilement le conduire partout où l'on voudra? » L'abbé de l'Epée s'empara donc du langage mimique, l'étendit, le perfectionna, le construisit sur le modèle de nos langues conventionnelles, et le fit servir au développement intellectuel de ses élèves et à l'interprétation des mots. Si, dans la formation de cette langue des *Signes méthodiques*, il lui est échappé quelques erreurs, n'oublions pas l'immensité de la tâche qu'il avait entreprise; il ne s'agissait de rien moins que de faire pour les signes ce qu'une longue suite de générations avait fait pour nos langues artificielles; et quel est le génie créateur qui ait su imprimer à ses découvertes le cachet de la perfection?

Tout en accordant au langage des gestes une juste préférence dans l'éducation des Sourds-Muets, l'abbé de l'Épée ne rejeta pas le secours des autres moyens employés par ses prédécesseurs : il adopta l'alphabet manuel, en lui assignant son véritable rôle; et plus tard, il enseigna même à ses élèves l'articulation artificielle. Les bornes d'une simple notice biographique ne nous permettent pas d'exposer la méthode de l'abbé de l'Épée; pour en prendre une connaissance approfondie, il faut consulter l'excellent ouvrage de M. de Gérando sur *l'Éducation des Sourds-Muets*. Cet écrivain philanthrope a saisi parfaitement l'esprit qui dirigeait l'abbé de l'Épée dans son enseignement, et personne ne pouvait mieux apprécier tout le mérite d'une vie consacrée à l'humanité.

Pendant que l'abbé de l'Epée se livrait à la création de sa méthode et à l'instruction de ses élèves, il eut à combattre les préjugés répandus sur l'état intellectuel du Sourd-Muet, et partagés par quelques théologiens et quelques philosophes. Dans l'intérêt de son œuvre, il fit paraître ses élèves dans des exercices publics auxquels assistèrent des personnes distinguées, des savans de tous les pays, des princes, et bientôt les préventions firent place à l'admiration la plus méritée. Il eut aussi à combattre quelques instituteurs de Sourds-Muets : après avoir critiqué la *Dactylologie* de Péreire, qui se renferma dans un silence absolu, il soutint une polémique plus sérieuse contre Heinicke, instituteur de Leipzig, et Nicolaï, membre de l'académie de Berlin. Dans ces controverses, l'abbé de l'Épée déploya toute la franchise de son caractère, et n'obtint pas toujours, de la part de ses antagonistes, les égards qu'il avait droit d'en attendre.

L'abbé de l'Epée a publié plusieurs écrits, qui contiennent l'exposition de sa méthode et la polémique qu'il eut à soutenir contre ses adversaires. En 1774, il fit imprimer le *Recueil des exercices* soutenus par ses élèves, avec les lettres qu'il écrivait à un vieil ami d'enfance, qui était le confident de toutes ses pensées. En 1776, il publia sa méthode dans un ouvrage intitulé : *Institution des Sourds-Muets par la voie des Signes méthodiques*. En 1784, il en fit paraître une seconde édition sous ce titre : *La Véritable manière d'instruire les Sourds-Muets, confirmée par une longue expérience*. Ces deux éditions peuvent, à quelques égards, être regardées comme deux écrits différens; chacune présente l'exposition de la méthode, et les principes de l'art d'apprendre à parler aux Sourds-Muets, principes que l'auteur avait puisés, soit dans les ouvrages de Bonnet, Wallis et Amman, soit dans sa propre expérience; mais la première édition contient, en outre, la discussion sur *la Dactylologie* de Péreire, et la seconde est terminée par les pièces du procès avec Heinicke et Nicolaï.

Inventeur d'un art si utile à l'humanité, l'abbé de l'Epée en fut encore le plus zélé promoteur. Sa sollicitude ne se borna pas aux Sourds-Muets de sa patrie, il devint encore l'apôtre de leurs frères d'infortune dans les autres pays; c'est pour eux qu'il eût la patience d'apprendre plusieurs langues étrangères : « Puissent, dit-il, ces différentes nations ouvrir les yeux sur l'avantage qu'elles retireraient de l'établissement d'une école pour l'instruction des Sourds-Muets de leurs pays! Je leur ai offert, et je leur offre encore mes services, mais toujours à condition qu'elles n'oublieront pas que je n'en attends (et que je n'en recevrais) aucune récompense, de quelque nature qu'elle puisse être. »

Pendant son séjour à Paris, l'empereur Joseph II assista aux leçons de l'abbé de l'Epée. Frappé d'admiration, il lui offrit une abbaye dans ses états : « Je suis déjà vieux, répondit de l'Epée, si votre majesté veut du bien aux Sourds-Muets, ce n'est pas sur ma tête déjà courbée vers la tombe qu'il faut le placer, c'est sur l'œuvre même. » L'empereur saisit la pensée de l'abbé de l'Epée ; il lui envoya l'abbé Storck qui, après avoir recueilli les leçons de son digne maître, retourna dans sa patrie pour fonder l'institution des Sourds-Muets de Vienne.

En 1780, l'ambassadeur de Russie étant venu féliciter l'abbé de l'Epée de la part de l'impératrice Catherine II, et lui offrir de riches présens : « Monsieur l'ambassadeur, répondit l'abbé, je ne reçois pas d'or, mais dites à sa majesté que, si mes travaux ont quelque droit à son estime, je ne lui demande, pour toute faveur, que de m'envoyer un Sourd-Muet que j'instruirai. » De semblables traits peignent mieux l'homme que ne pourraient le faire les paroles les plus éloquentes.

L'abbé de l'Epée aspirait à avoir des successeurs qui pussent propager et perpétuer son œuvre. Ces vœux d'une âme généreuse furent accomplis en partie. Un grand nombre d'instituteurs se formèrent auprès de lui et fondèrent ensuite des institutions dans divers pays. Parmi ses disciples, l'on distingue l'abbé Storck à Vienne, l'abbé Sylvestri à Rome, M. Ulrich de Suisse, MM. Dangulo et d'Alea en Espagne, MM. Dole et Guyot en Hollande ; les abbés Sicard, Salvan et Huby, en France.

La vive sollicitude que l'abbé de l'Epée éprouvait pour la cause des Sourds-Muets le portait à accueillir tout ce qui pouvait servir leurs intérêts ; cette disposition, qui prenait sa source dans les sentimens les plus louables, le guida dans les démarches qu'il entreprit pour faire réintégrer un jeune Sourd-Muet abandonné dans le titre et les droits d'héritier des comtes de Solar. Après la mort de l'abbé de l'Epée, l'on acquit la preuve juridique que sa bonne foi avait été trom-

pée par de fausses indications. On doit à la vérité histo-
rique de rectifier une erreur généreuse accréditée encore
de nos jours par le drame si touchant de M. Bouilly.

Trente Sourds-Muets étaient instruits gratuitement par
l'abbé de l'Epée, à-la-fois l'instituteur et le père de ses élèves ; c'était lui qui pourvoyait à tous leurs besoins. Jouissant d'un revenu de douze mille livres, il s'imposait des
privations, pour en épargner à ses enfans adoptifs. Pendant
le rigoureux hiver de 1788, ce vieillard vénérable restait
sans feu pour ne pas augmenter sa dépense personnelle ;
ses élèves le forcèrent à s'acheter du bois. Souvent il leur
disait : « mes amis, je vous ai fait tort de cent écus . »

Des soins si touchans , une tendresse si parfaite , péné-
trèrent le cœur de ses élèves de la plus vive reconnaissance :
jamais l'abbé de l'Epée ne se sentait aussi heureux que lorsqu'il était entouré de ses enfans d'adoption , qui le véné-
raient et l'affectionnaient comme un père.

L'abbé de l'Epée resta long-temps sans obtenir du gou-
vernement la protection que méritait son œuvre philan-
thropique , et déjà l'influence de son exemple avait déter-
miné la création de plusieurs institutions dans les pays
étrangers, que la sienne n'était encore soutenue que par
ses propres ressources. Cependant, quelque temps avant sa
mort, il obtint enfin du roi Louis XVI une subvention en
faveur de son école et reçut la douce assurance que son
œuvre ne périrait pas avec lui. Cette certitude fut sans
doute la plus belle récompense de son long dévoûment.

L'abbé de l'Epée mourut à l'âge de 77 ans , en 1789, le
23 décembre , jour anniversaire de la naissance de Mon-
tyon ! Son oraison funèbre fut prononcée, le 23 février 1790,
par l'abbé Fauchet, prédicateur ordinaire du roi , en pré-
sence d'une députation de l'Assemblée nationale , du Maire
de Paris et des représentans de la commune. La loi des 21
et 29 juillet 1791, consacra les vœux du père des Sourds-
Muets, en fondant l'institution de Paris. En 1817, la Société
royale académique des sciences, lui paya un juste tribut

d'admiration en mettant son éloge au concours. Le prix fut décerné à M. Bébian, aujourd'hui directeur de l'Institution des Sourds-Muets à Rouen.

On élève des statues à des hommes qui n'ont vécu que pour leur propre gloire ; et l'on néglige trop souvent l'homme modeste qui n'a vécu que pour les autres ! Serait-ce parce que le souvenir des premiers a besoin d'être transmis par un monument, tandis que les bienfaits que nous a légués le *Génie utile* suffisent pour consacrer sa mémoire ? Le nom de l'abbé de l'Epée vivra aussi long-temps que son œuvre. Toutes les institutions de Sourds-Muets lui doivent leur existence : elles sont là comme autant de monumens qui recommandent son souvenir à la postérité !

Mais c'est surtout au sein de l'Institution des Sourds-Muets de Paris, que le nom de l'abbé de l'Epée, transmis de générations en générations, est entouré d'un culte d'amour et de vénération, et, lorsque, dans nos modestes fonctions, nous voulons inspirer à nos élèves le sentiment de la reconnaissance, nous empruntons l'image de leur commun bienfaiteur.

Puisse le bienfait dont il a doté l'humanité s'étendre à un plus grand nombre de ces malheureux, victimes d'une erreur de la nature ! C'était le vœu le plus ardent de l'abbé de l'Epée, et la France ne saurait plus dignement honorer sa mémoire, qu'en appelant tous les Sourds-Muets aux avantages de l'éducation